징검다리
Stepping Stone Bridge

김종회 디카시집

도서출판 실천

징검다리
한국디카시학기획시선 05

초판 1쇄 인쇄 | 2022년 1월 15일
초판 1쇄 발행 | 2022년 1월 20일

지   은   이 | 김종회
펴   낸   이 | 민수현
엮   은   이 | 이어산
기획 · 제작 | 한국디카시학
발   행   처 | 도서출판 실천
등 록 번 호 | 제2021-000009호
등 록 일 자 | 2021년 3월 19일

서울사무실 | 서울특별시 종로구 율곡로 6길 36
            02)766-4580, 010-6687-4580

편   집   실 | 경남 진주시 동부로 169번길 12 윙스타워 A동 810호
전   화 | 055)763-2245, 010-3945-2245
팩   스 | 055)762-0124
전 자 우 편 | 0022leesk@hanmail.net
편집 · 인쇄 | 도서출판 실천
디자인실장 | 이예운 디자인팀 | 이청아, 김현정, 변선희

ISBN 979-11-976489-7-7
값 12,000원

* 이 책은 전부 또는 일부 내용을 재사용하려면 저작권자와 '도서출판 실천'의
  동의를 받아야 합니다.
* 이 책의 국립중앙도서관 출판예정도서목록(CIP)은 서지정보유통지원시스템(http://seoji.nl.go.kr)과 국가자료종합목록시스템(http://www.nl.go.kr/kolisnet)에서 이용하실 수 있습니다.
* 잘못된 책은 교환해드립니다

징검다리
Stepping Stone Bridge

김종회 디카시집

■ 머리말

첫 디카시집 「어떤 실루엣」(2019)에 이어
두 번째로 「눈꽃나무」(2021)를 펴낸 이래,
첫 시집을 개정·증보하여 「징검다리」를 다시 묶는다.
새로 쓴 시로 12편을 교체하고 「해설」을 덧붙였다.
결국은 세 시집 모두 50편의 작품을 담게 되었다.
이 가슴 설레는 생활문학의 매혹으로 참 많이 행복하다.
얼굴을 아는, 또 모르는 분들과 함께 이를 나누고 싶다.
'징검다리' 라는 제목은 그래서 선택한 것이다.

2022. 1. 김종회

■ A Foreword

The first Dicasi anthology 「A Certain Silhouette」 was published in 2019 and two years later in 2021 the second collection was brought to light under the title 「The Snow Flower Tree」.
Since then, the first book has been revised and enlarged into this edition.
Twelve poems were replaced with new poems with commentary.
This is how each of the three editions could have 50 poems in it.
What a great happiness it is to have the fascination of these thrilling real life literary pieces.
In the hope to share this joy with someone known or unknown,
I chose 「The Stepping Stone」 as the title of this book.

Jan. 2022. Jong-hoi Kim

■ 차례

1부 소나기마을 정갈한 얼굴

새봄 손짓 · 12

연달래 · 14

여름 초입 · 16

가을 소나기 · 18

무지개 동심 · 20

가을 햇볕 · 22

만추의 표정 · 24

순백 설경 · 26

징검다리 · 28

소년 말하다 · 30

갈밭머리 쉼터 · 32

쪽빛구름 쉼터 · 34

2부 책과 꽃과 풍경이 있는 곳

책과 꽃 · 38

『악의 꽃』 초판본 · 40

봄이 오는 길목 · 42

작은 입술들 · 44

함평 용천사 꽃무릇 · 46

수종사에서 본 양수리 원경 · 48

태안반도 신두리 해안 사구 · 50

목포 문학박람회 수변무대 · 52

하동 송림 · 54

고성 장산숲 · 56

동해 해변 산책로 · 58

이병주문학관 · 60

3부 미국 여행길의 맑은 풍광

옐로스톤 국립공원 · 64

캘리포니아 오로라 · 66

샌디에이고 미항 · 68

요세미티 하프돔 · 70

와이키키 해변 · 72

바닷가 야자수길 · 74

하와이 민속존 · 76

빅아일랜드 정원 · 78

낙원 절경 · 80

맥주거품 폭포 · 82

용암바다 · 84

푸른 사자머리 · 86

어떤 실루엣 · 88

4부 중국 북방에서 만난 역사

안중근 의사의 자리 · 92

하얼빈 모데른호텔 · 94

장춘 관동군사령부 · 96

광개토왕릉 가는 길 · 98

집안 장수왕릉 · 100

삼족오 문양 · 102

감숙성 칠재산 · 104

돈황 실크로드 · 106

명사산 오아시스 · 108

황하 상류 · 110

강의 어머니 · 112

등 악양루 · 114

북중러 접경지대 · 116

해설
소년의 눈으로 들여다 보는 세계 – 오홍진 118

1부

소나기마을 정갈한 얼굴

새봄 손짓
The New Spring Gestures

누가 일러 봄을 말하라 했을까

천엽황매화 황금색 꽃송이들

손짓과 함성 모두 넉넉하다

Who would it be that said of talking
about the spring

The compound leaf winter jasmine golden
flower bundles

The gestures and shouting all are abundant

연달래
Yeondale

차마 진달래라 부를 수 없어서

연한 속살의 이름으로 불러본다

그대 첫봄의 맑은 얼굴

Can't dare to call it Jindale

So tried to call it by a name of Yeon(soft) inner flesh

Thou clear face of early spring

여름 초입
Summer Entrance

녹음방초 꽃을 이기는 초여름날

앞뜰도 숲길도 모두 싱그럽다

소녀는 지금 어디쯤 앉아 있을까

An early summer day defcating the green and fragrant flowers

Both front yards and forest trails are fresh

Where would the girl sit by now

가을 소나기
Autumn Shower

한여름이 그리운 날의 소나기

인공(ㅅㅗ)도 눈 아프지 않게 곱다

자연과 어울려 살기, 별것 아니다

The shower of the day longing for the deep summer

Artificial as it is pretty as it hurts no eyes

Living along with nature, is nothing special

무지개 동심
Rainbow Childhood

인공 소나기 내린 뜨락에

고맙게도 무지개가 걸렸다

이제껏 그 숱한 무지개들을

무덤덤하게 보고 살았다니

On the garden where man-made shower falls

The rainbow hangs thankfully

Until now at those innumerable rainbows

I looked but in a casual manner

가을 햇볕
Autumn Sunlight

「울음이 타는 가을 강」에 내리던 가을 햇볕

이 맑은 마을에도 소리없이 찾아왔네

그 빛 없이는 조락(凋落) 또한 값이 없으리

The Autumn sunlight falling on 「The Tear Burning Autumn River」

Visited in silence this clear village too

Because without this light the withering might also have no value

만추의 표정
The Late Autumn Looks

'별을 쓰느라 머리가 세었소'

황순원의 짧은 시 「갈대」 전문(全文)이다

풍성하고 정갈한 뜨락의 표정

만추(晚秋)라 쓰고 만추(滿秋)로 읽는다

'The hairs turned white to write the stars'

Is the full text of Hwang Sun-won's short poem 「The Reeds」

The abundant and tidy looks of the courtyard

Read the full autumn in the late autumn

순백 설경
Pure White Snowy Scenery

순백의 세상으로 얼굴 바꾸다

미답의 소로들이 귓속말로 속삭인다

좀 더 많이 내려놓고 사세그려

Into a pure white world the face changes

Little paths never trodden whisper

How about living a life unloading more

징검다리
Stepping Stone Bridge

나무 그늘 아래 낮은 개울가

저만치 소녀가 앉았던 징검다리

소년의 눈을 열면 모두 다 보이는데

Under the tree shades by the low creek

On the stepping stones far out the girl might have sat

With the boy's eyes open might everything be seen

소년 말하다
The Boy Says

사람들이 모인 곳엔 이야기가 있다네

저마다 가슴에 감춘 보석 같은 첫사랑

말로 다 못하여 노랫말로 바꾼다네

Where people gather stories are there

Everyone with jewel-like first love stories hidden in heart

Can't say all so turn them into lyrics

갈밭머리 쉼터
Rest Area near Reed Field

갈색이라 갈밭머리가 아니다

소녀와 소년이 함께 놀던 곳

여기 그 추억만 깔끔하게 남았다

It is a reed field not because it is brown

It is where the boy and the girl hung out together

Here only the memories remain nice and clean

쪽빛구름 쉼터
Indigo Cloud Rest Area

구름 흘러가는 길을 따라

꽃나무를 두고 차양 천막을 쳤다

동심의 순수는 원래 얼굴을 가린다

Along the way the cloud flows by

The flower trees are planted with the sun shield tents set up

The childhood purity covers its face by nature

2부

책과 꽃과 풍경이 있는 곳

책과 꽃
Books and Flowers

소박한 서가에 연이어

포인세티아 얼굴 환하다

책과 꽃의 마음 거기 있었다

At the humble bookshelf ensued

poinsettia of shining faces

The hearts of books and flowers were there

『악의 꽃』 초판본
The Flowers of Evil,
A Copy of First Edition

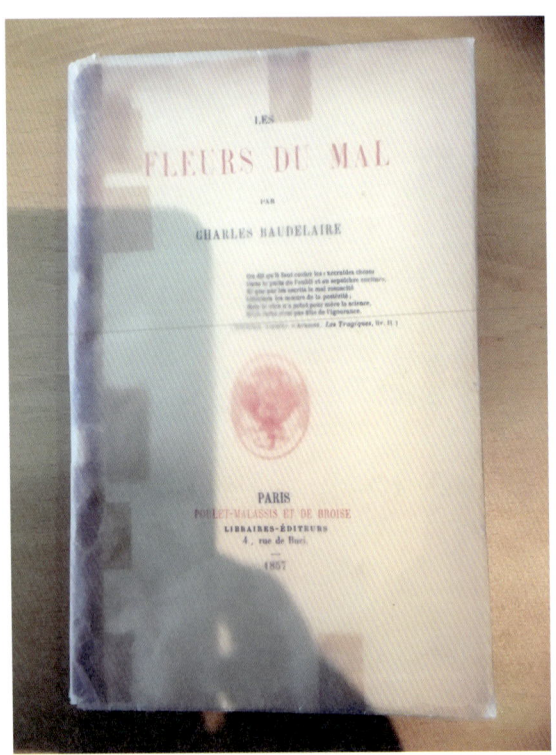

샤를 보들레르 시집 1857년 초판본

기증본 심사위원으로 만져 보았다

금서를 넘어 고전이 된 문학사의 증언

A collection of poems 1857 edition by Charles Baudelaire

A complimentary copy felt I as a panel of judges

A classical copy beyond prohibited book a testimony of literary history

봄이 오는 길목
The Corner Way the Spring Comes

아직 아무것도 보이지 않는다

아직 아무것도 들리지 않는다

다만 따뜻한 표정이 반짝거린다

새 움 돋는 숨소리도 숨어 있다

Not anything is seen yet

Not anything is heard yet

The warm looks only glitter

The new sprout breathing sounds too is hidden

작은 입술들
Little Lips

화사하고 넉넉한 함성

작은 것들의 연합은 아름답다

내 안의 것들도 그렇다

Gorgeous and sufficient outcry

The coalition of little ones is beautiful

So are the ones inside me

함평 용천사 꽃무릇
The Hampyeong Yongcheon Temple Kangaroo Paw

가을 내내 이리도 붉은 열망인데

문득 꽃 지면 초록 잎 볼 길 없어

누가 일러 그 이름 상사화라 했네

While they are in this red passion all autumn

When withering suddenly with no way to see their green leaves

There someone was who called them Lycoris

수종사에서 본 양수리 원경
The Distant View of Yangsuri Seen from Sujong Temple

멀리 보아서 아름다운 것 아니다

오랜 절경 두물머리 물길과 마을

너무 눈부셔 하늘도 살짝 찌푸린

It is beautiful not because it is seen afar

The old picturesque Dumulmeori waterway and the village

Are so dazzling that even the sky makes a slight frown

태안반도 신두리 해안사구
The Te-ahn Peninsular Sinduri Sand Inlet

한국 최대의 바닷가 모래언덕

찬바람 서슬 하늘도 얼어붙고

함께 바라보는 눈길만 따뜻해

Korea's largest seaside sand dune

The cold wind chills the sky frozen

Only the eyes looking at it together are warm

목포 문학박람회 수변무대
The Mokpo Literature Exposition Seaside Stage

'목포의 눈물' 선율되어 흐르는데

소리보다 훨씬 앞선 빛의 잔치

읽고 듣는 자리에서 보는 예술로

세상은 어느결에 갈 길을 바꿨다

While 'Tears of Mokpo' flow forming

its melodies

The party of lights long before the sound

From reading and listening place
to the visual art

The world changed its way of
going unexpectedly

하동 송림
Hadong Pine Forest

270년을 넘긴 섬진강 방풍 방사

550미터 솔숲이 그저 장관일세

국난 앞에 어깨겯고 선 백성처럼

Over 270years' protection against Seomjin River wind and sand

550meters pine forest is just a magnificence itself

Just like the people holding their shoulders against the national crisis

고성 장산숲
Goseong Jangsan Forest

먼 하늘도 숲도 연못도

초록 숨결로 고즈넉하다

여기 디카시의 산실이다

Far sky, forest and the pond too

Calm and quiet

Here the birthplace of Dicasi

동해 해변 산책로
East Seat Esplanade

해송 몇 그루 바다를 내다보며

고요한 산책로 지키고 있다

석양에 비낀 하늘 바다보다 푸르다

A few beach pines look out at see

Standing guard for the quiet esplanade

Bluer than the sky withdrawn at sun setting

이병주문학관
Yi Byeong Ju Literature Museum

지리산 자락 작가의 숨결

문필과 사필의 행복한 만남

마침내 그 문학은 역사가 되었다

The writer's breath at the foot of Mt. Jiri

The happy meeting of literary and historical works

The literature grew into a history at last

3부

미국 여행길의 맑은 풍광

옐로스톤 국립공원
Yellow Stone National Park

푸른 하늘과 녹색 유황연못 사이

낮은 산 목책이 서 있다

우리 삶의 길 나누는 경계석처럼

Between the blue sky and green sulfur pond

Stands a low mountain wooden fence

Like a milestone dividing the ways of our life

캘리포니아 오로라
California Aurora

한낮 사막나라의 열천에서

단단하고 선명한 오로라를 보았다

문득 돌아보았다

내 삶의 광전은 어느 순간인가

Midday in the boiling spring of
a desert country

Turned up the solid clear aurora

I suddenly looked back

Which moment is my photo-electricity

샌디에이고 미항
San Diego Beautiful harbor

검푸른 바다 가로질러

낚싯대 하나 느낌표처럼 서 있다

입이 없이도 참 많이 말한다

Like an exclamation mark in the beautiful sea

Stands a fishing pole

A lot of talks even without a mouth

요세미티 하프돔
Yosemite Half Dome

세상에서 가장 큰 바위들이 모두 모였다

누가 저 가운데 바위를 절반으로 잘랐을까

내게도 자를 것이 너무 많은데

The biggest rocks in the world gathered

Who cut the rocks in half among them

I too have so many to cut

와이키키 해변
Waikiki Beach

참 정갈한 아침이다

밤새운 피로 모두 사라지고

하늘빛 물빛 함께 밝아온다

A truly snug morning

Fatigue over night disappears

Sky and water light appears

바닷가 야자수길
Beach Palm Way

하늘 향해 팔을 벌렸다

바다 쪽으로 눈길을 던졌다

태평양의 낙원 그 이름값 한다

Arms stretched toward the sky

A gaze cast toward the sea

The Pacific Paradise deserves its name

하와이 민속촌
Hawaii Folk Village

물길 매끄럽고 연기도 빼어나다

오늘따라 관중석도 차분하다

역사를 거슬러 오르는 찰진 춤사위

The waterway is smooth, the performance incomparable

The spectators happen to be calm today

The dancing gestures dating back persistently to its history

빅아일랜드 정원
Big Island Garden

이렇게 아름다운 곳에

이렇게 아름다운 정원이 있다

다시 〈그 섬에 가고싶다〉

On this beautiful place

Lie this beautiful garden

Again 〈wishing to go to the island〉

낙원 절경
Paradise Superb View

3층의 로열 블루

하늘 바다 풀장이 모두 동색이다

차마 발 벗고 들어가지 못한다

Three color royal blue

The sky, sea, and the pool are in the same color

How dare to go in naked

맥주거품 폭포
Beer Foam Waterfall

물소리 물빛 모두 청량하다

급전직하 포말이 꼭 맥주 거품이다

잔만 들면 마셔도 거리낌 없겠다

Both water sound and color are clear and cool

The bubbles in sudden straight falling are beer foam

Drinking wouldn't be difficult if only glasses raised

용암바다
Lava Sea

불의 벽력이 스쳐간 자리

어떤 생명도 살아남지 못했다

내 가슴속엔 이런 불모지가 없을까

A place a fire bolt passed

No life managed to survive

Don't I have this barren land in my heart

푸른 사자머리
Blue Lion Head

숲의 끝자락이 사자머리라는데

사자라면 푸른색 갈기 사자네

자연의 형용 속에 초자연 있네

The tip of the forest said to be a lion head

If a lion, then it's a lion of blue mane

In the shape of nature is a supernature

어떤 실루엣
A Certain Silhouette

야자수 터널 건너 바다를 보다가

선물처럼 좋은 영상을 얻다

삶의 보화도 곳곳에 숨어 있는데

While looking out of the tunnel over the sea

A good image won like a gift

Hidden the jewelry of life every corner

4부

중국 북방에서 만난 역사

안중근 의사의 자리
Place of The Righteous Man Ahn Jung Keun

그냥 삼각 표식이 아니다

몇 걸음 건너 침략의 심장을 쏘고

동시에 역사의 눈물을 쏘았다

Not just a triangle mark

A few steps away the heart of invasion shot

At the same time the tears of history shot

하얼빈 모데른호텔
Harbin MODERN Hotel

안중근의 도시 하얼빈 中央大街

이효석이 묵었던 모데른 호텔

고색창연 옛 모습에 MODERN만 그대로

Jungang Great Road of Ahn Jung Keun

MODERN Hotel where Yi Hyo Suk stayed

With old looks hoary with antiquity
MODERN is as it was

장춘 관동군사령부
Changchun Kanto Military Headquarters

밝은 햇살 아래 맑은 숲

풍광이 이렇게 아름다운데

그 속에 잠긴 어두운 역사의 기억

Clear forest under bright sunlight

The scenery so beautiful like this

Still with memories of dark history in it

광개토왕릉 가는 길
The Way to
Kwanggeto Royal Tomb

호태왕의 기백이 서린 산하

5세기부터 나 있던 외줄기 길

되찾을 길이 없는 선진들의 세계

The mountains and rivers with
King Hotae's spirit

A single way standing from the 5th century

The forefathers' world no way to recover

집안 장수왕릉
Jian Changsu Royal Tomb

지구별에 내려앉은 우주선처럼

둥글고 거대하고 견고한 석분

만주벌 호령하던 최강국의 형상이다

Like a spaceship landed on Earth star

The stone tomb round, gargantuan, and stout

An image ruling over the land of Manchuria

삼족오 문양
Three-foot Crow Mark

고구려 국내성 옛 땅을 떠돌며

상서로운 세발까마귀 애써 찾다가

박물관 턱에 걸린 문양 겨우 보았네

Wandering about old Kuknesung, capital of Koguryeo Kingdom

Endeavoring to look for an auspicious three-foot crow

Managed to see the mark on the museum threshold

감숙성 칠채산
Gansu Sheng Qicaishan

지구의 속살을 보았다

숨겨진 것은 모두 드러나는 법

내 안의 붉은 빛이 거기 있었다

Saw the inside flesh of Earth

Hidden things naturally uncover

My inner red light was there

돈황 실크로드
Dunhuang Silkroad

목숨을 걸었던 비단길 초입

낙타를 타고 걸어 본다

유희가 생업을 따라갈 수 있을까

The entrance of silk road risking life

Experienced on a camel back

Could pastime keep up with livelihood

명사산 오아시스
Mingsha Shan Oasis

이름을 월아천으로 부른다

누구나 발길이 닿는 바람에

이제 생명의 근원이기를 멈추었다

Called it by the name of Crescent Lake

For everyone's steps reached

So now not the source of life any more

황하 상류
Huanghua Upper Stream

원래부터 황토빛이었다

우리 모두가 숨겨둔 처음

결국 사람은 바뀌지 않는다

Earthy yellow from the origin

The beginning all we hide

Man does not change after all

강의 어머니
River Mother

광대무변 황하 어머니상

품 속 아이는 성별이 없다

내게도 숨어있는 아득한 요람

Vast Huanhua mother statue

The baby in her arms has no sex

The far off cradle hidden in me too

등 악양루
Deng Yueyanglou

호남성 동정호 악양루에 오르다

시성 두보의 시를 모택동이 휘호했네

장엄한 호반 누각에 호활한 기세로

Climbed on Yueyanlou Tongting Hu
Hunan Sheng

The great poet Tu Fu's poem in
Mao Zedong's calligraphy

In the manly cheerful style in the
majestic lake tower

북중러 접경지대
North Korea China Russia Borderland

훈춘시 방천에서 3국 접경지역을 보았다

그저 평범한 산과 강과 하늘인데

세 나라 오래고 무수한 다툼 그 속에 잠겼다

Saw the three nation borderland at Bangchon Hunchun Shi

Just ordinary mountains rivers and skies

Yet numerous fights for long by the three countries hidden there

■해설

소년의 눈으로 들여다보는 세계
– 김종회의 디카시

오홍진(문학평론가)

디카시에 대해 말하려면, '디카(디지털 카메라)'라는 매체를 먼저 생각해야 한다. 디카시는 '디카'와 '시'를 합친 말이다. '디카'와 시가 어울려 디카시가 만들어진 것이라면, 디카시에는 분명 일반 시와는 분별되는 지점이 있을 것이다. 디카시와 시가 갈라지는 지점은 '디카'라는 매체를 어떻게 규정하느냐에 달려 있다. 시가 언어를 매체로 이루어지는 상상의 양식이라면, 디카시는 디카와 언어를 매체로 이루어지는 상상의 양식이다. 디카시는 디카로 찍은 사진을 언어로 표현하는 과정을 통해 탄생한다. 독자들은 디카시를 보고 읽는다. 사진이미지가 언어표현으로 이어지는 자리에서 한 편의 디카시가 생성된다고나 할까.

우리가 사는 일상은 지천에 날이미지가 널린 세계라고 말할 수 있다. 사진이미지는 날이미지를 디카로 찍는 순간 펼쳐진다. 일상에서 보는 진달래꽃 한 송이(날이미지)와 디카로 찍은 진달래꽃 한 송이(사진이미지)는 같으면서도 다른 맥락을 내포하고 있다. 시인은 날이미지가 사진이미지로 구현되는 '순간'을 포착하여 그 감흥을 언어로 표현한다. 사진이미지로는 미처 담지 못할 날이미지를 시인은 언어로 드러내는 셈이다. 사진이미지와 언어표현이 하나로 어우러져야만 제대로 된 디카시가 탄생하는 까닭은 여기에 있다. 독자들은 사진이미지에서 연상된 내용을 바탕으로 언어표현을 이해하는 길을 열어젖힌다. 사진이미지를 '보고' 언어표현을 '읽는' 과정을 거침으로써 우리는 디카시를 감상하는 길에 접어들게 되는 것이다.

나무 그늘 아래 낮은 개울가
저만치 소녀가 앉았던 징검다리
소년의 눈을 열면 모두 다 보이는데

—「징검다리」

김종회의 디카시에는 여행자의 시선이 드리워져 있다. 여행자의 시선은 무엇보다 낯익은 일상을 보는 눈과는 거리가 멀다. 여행자는 낯익은 장소(고향)를 떠나 낯선 곳을 배회한다. 주변에 보이는 풍경이 참으로 낯설게 보일 수밖에 없다. 위 시에 드러나는 대로, 시인은 현실 속에서 허구를 보고 있다. 황순원의 「소나기」에 나오는 "나무 그늘 아래 낮은 개울가"를 현실에서 보고 있고, "저만치 소녀가 앉았던 징검다리" 또한 현실에서 보고 있다. 이곳(소나기 마을)이 아닌 또 다른 장소에도 개울가와 징검다리는 있을 것이다. 시인이 이곳에 있는 개울가와 징검다리를 낯선 눈으로 바라보는 이유는 현실과 허구가 겹친 자리에서 피어나는 낯선 풍경 때문이다. 저 개울가와 저 징검다리는 바로 소설 속 소녀와 이어져 있기에 시적 이미지로 거듭날 수 있는 것이다.

중요한 것은 개울가와 징검다리에 서린 시적 이미지는 "소년의 눈"을 통해서만 확인될 수 있다는 점이다. 소년의 눈은 허구를 들여다보는 눈을 가리킨다. 보이지 않는 것을 보는 눈이라고 할까. 일상에 익숙해진 어른의 눈으로 보면 개울가 징검다리에 앉아 소년을 기다리는 소녀가 보이지 않는다. 시인은

"소년의 눈을 열면 모두 다 보이는데"라고 쓰고 있다. 돌려 말하면 소년의 눈을 열지 못하면 우리는 아무것도 볼 수 없다. 개울가는 그저 개울가일 뿐이고, 징검다리는 그저 징검다리일 뿐이다. 여행자가 되어 소나기마을을 방문한 시인은 소년이 되어 허구 속으로 뛰어 들어간다. 정확히 말하면 시인은 소년의 눈으로 소나기마을을 들여다본다. 소나기마을은 그러니까 현실과 허구가 교차하는 새로운 장소가 되어버린 것이다.

시인이 사진이미지로 제시한 것은 시골 어디서나 흔히 볼 수 있는 개울가이다. 징검다리가 개울가를 가로지르고 있다. 「소나기」라는 문학작품을 연상하지 않으면 별다른 흥취를 느낄 수 없는 이 풍경에 시인은 소나기 속 소년과 소녀의 눈을 들이댄다. 똑같은 풍경인데도 소년과 소녀의 눈으로 보는 풍경은 확실히 다르게 나타난다. 물론 여기에는 보이는 것에서 보이지 않는 것을 보려는 시인=여행자의 마음 또한 깃들어 있다. 날이미지가 사진이미지로 압축되는 순간, 시인은 비로소 소년과 소녀가 만나는 장소를 상상하게 된다. 개울가와 징검다리는 소년과 소녀의 눈을 통해 시적인 이미지로 뻗어나간다. 보이는 사물을 '보는' 동시에 보이지 않는 사물을 '보는' 시인의 존재는 바로 이 지점에서 태어난다고 해도 좋겠다.

  차마 진달래라 부를 수 없어서
  연한 속살의 이름으로 불러본다
  그대 첫봄의 맑은 얼굴

                -「연달래」

  화사하고 넉넉한 함성
  작은 것들의 연합은 아름답다
  내 안의 것들도 그렇다

                -「작은 입술들」

「연달래」라는 시에 나타나는 대로, 시인은 진달래를 보고도 차마 진달래라고 부를 수 없는 소년의 눈으로 사물을 바라보고 있다. '진달래'라는 언어로 어떻게 "그대 첫봄의 맑은 얼굴"을 표현할 수 있을까? 언어는 언제나 사물의 일부만 드러낼 수 있을 따름이다. 의사소통을 위해 사람들은 언어를 만들었다. 그들은 진달래를 진달래로 부르는 상황을 중시한다. 진달래를 진달래로 부를 수 없으면 의사소통이 되지 않기 때문이다. 의사소통이란 사람들이 만든 약속 체계가 아닌가. 시인이 아닌 누군가가 진달래를 "맑은 얼굴"로 부르면 어떻게 될까? 사람들은 그와 이야기를 하려고 하지 않을 것이다. 그러기는커녕 그를 사회부적응자로 내몰 것이다. 언어에 드리워진 질서가 이해되는가? 의사소통 수단으로 언어를 규정하는 순간, 우리 또한 언어 질서에 묶인 존재로 규정되는 셈이다.

시인은 진달래를 차마 진달래로 부를 수 없어 "연한 속살의 이름으로 불러본다". 사진이미지로는 한껏 자태를 뽐내는 진달래꽃이 제시되어 있다. 시 제목인 '연달래'는 '연한 속살의 진달래꽃'을 줄인 말일 것이다. 진달래꽃의 부드러운 속살을 보려면 '진달래꽃'이라는 언어를 고집해서는 안 된다. 연한 속살은 '진달래꽃'이라는 언어 너머에 있다. 시인은 일상인의 눈으로 진달래꽃을 보려는 게 아니라 소년의 눈으로 진달래꽃을 보려고 한다. 소년의 눈은 언어 너머를 들여다보는 시선과 이어져 있다. 김소월에게 진달래꽃이 "영변에 약산/진달래꽃"이라면, 시인에게 진달래꽃은 연한 속살을 깊이깊이 감추고 있는 "그대 첫봄의 맑은 얼굴"이다. 누구나 보는 꽃이 아니라, 소년의 눈을 지닌 사람만이 애오라지 볼 수 있는 꽃이라고 이야기하면 어떨까.

「작은 입술들」에도 사물을 바라보는 소년의 눈은 어김없이 나타난다. 화사하게 핀 꽃무리를 보며 시인은 "화사하고 넉넉한 함성"을 상상한다. 저 꽃들은 누구를 향해 저리 함성을 지르는 것일까? 화사한 꽃은 제자리에서 다른 생명들이 오길 기다리지 않는다. 땅에 뿌리를 박은 몸이니 스스로 움직일 수는 없다. 날개 달린 생명들이야 날아서 이리저리 움직인다지만, 날개가 없는 꽃들은 어떻게 다른 생명으로 가는 길을 열어젖힐까? 시인은 "넉넉한 함성"을 말하고 있다. 꽃들은 커다란 함성으로 자신의 존재를 알린다. 혼자 내지르는 소리가 아니다. 수많은 꽃들이 "작은 것들의 연합"을 이루어 목 놓아 함성을 지른다. 시인은 온몸으로 함성을 지르는 이 꽃들을 보며 아름다움을 느낀다. 제 몸을 활짝 열어 다른 존재를 기꺼이 맞이하는 생명만큼 아름다운 게 세상 어디에 있을까?

꽃은 온몸으로 아름다움을 표현하고, 시인은 온몸으로 그 아름다움을 맞이한다. 물론 시인이 온몸으로 표현하는 아름다움은 반드시 '언어'라는 매개를 거쳐야 한다. 디카시라고 해도 마찬가지다. 디카시는 사진이미지로 시작해 언어표현으로 끝나는 과정 속에서 이루어진다. 시인은 온몸으로 생명을 피운 꽃을 사진이미지로 제시하고 있다. 그 꽃 이미지에서 시인은 꽃들의 함성을 듣고, 작은 것들이 이루는 연합을 본다. 꽃잎 하나하나가 입술(시 제목이 '작은 입술들'이다)이 되어 소리를 친다. 시인은 작은 꽃들이 연합을 이루어 함성을 외치는 이 풍경을 "내 안의 것들도 그렇다"라는 문장으로 잇는다. 작디작은 꽃들만 함성을 외치는 게 아니라 시인 또한 마음속에서 끊임없이 다른 존재들을 향해 함성을 지른다. 시인이 온몸으로 지르는 이 외침을 우리가 아니면 누가 들어줄까?

진달래꽃을 차마 진달래꽃이라 부를 수 없는 마음이 있기에 시인은 꽃들이 외치는 함성을 들을 수 있는 것이다. 인간은 사물에 의미(언어)를 부여하여 사물을 지배하려고 한다. 언어 밖에 있는 사물을 언어 안으로 끌어들이는 이 작업은, 사물 입장에서 보면

당연히 폭력이 될 수밖에 없다. 사물이 죽은 자리에서 언어가 뻗어 나온다는 한 철학자의 말을 굳이 되새기지 않더라도, 인간은 분명 언어를 통해 사물을 지배하려는 욕망을 내면 깊이 지니고 있다. 시인은 어찌 보면 이러한 지배 욕망을 내려놓고 사물을 사물 자체로 보는 '소년의 눈'을 기꺼이 받아들이는 존재인지도 모른다. 소년의 눈으로 봐야 작은 것들이 이루는 연합이 보이고, 소년의 귀로 들어야 화사하고 넉넉한 함성이 들린다. 이리 보면 소년의 눈은 자신을 중심에 세우지 않는 존재의 눈이라고 할 수 있다. 사물의 시선으로 사물을 보는 눈.

야자수 터널 건너 바다를 보다가
선물처럼 좋은 영상을 얻다
삶의 보화도 곳곳에 숨어 있는데

― 「어떤 실루엣」

지구의 속살을 보았다
숨겨진 것은 모두 드러나는 법
내 안의 붉은 빛이 거기 있었다

― 「감숙성 칠채산」

여행자는 바깥에 펼쳐진 낯선 사물을 보며 자기 내면 깊숙한 곳에 자리한 이미지를 떠올린다. 여행자는 낯선 곳을 떠돈다. 처음 보는 것이든, 이미 본 것이든, 여행자의 눈에는 모든 것이 새로이 보인다. 앞서 말한 대로, 여행자는 고향(낯익은 곳)을 떠난 존재이기 때문이다. 고향에서 본 사물들을 여행지에서 본다고 해도, 여행자는 새로운 것을 보는 마음으로 그것을 본다. 사물이 새로운 게 아니다. 사물을 바라보는 마음이 새로운 것이다. 일상을 중시하는 어른의 눈을 내려놓고, 일상 너머를 바라보는 소년의 눈을 얻은 덕분이라고나 할까. 소년이 되어야 개울가 징검다리에 앉은 소녀(의 마음)를 이해할 수 있다. 소년은 눈에 보이는 것만을 보려고 하지 않는다. 눈에 보이지 않는 것이 "연한 속살의 이름"(『연달래』)으로 존재할 수 있는 걸 소년은 철석같이 믿는다.

「어떤 실루엣」은 미국 여행길에서 본 "선물처럼 좋은 영상"을 사진이미지와 언어로 표현한 작품이다. '선물'이라는 시어에 암시된 바, 시인은 야자수 터널 건너로 열린 바다를 보다가 문득 시적 영감을 떠올린다. 시적 영감은 선물처럼 온다. 선물이란 대가

없이 주어지는 것이다. 무언가를 얻기 위해 주는 물건은 선물이 아니라 뇌물이다. 바다는 시인에게 아무것도 원하지 않는다. 그러면서도 바다는 시인에게 선물과도 같은 좋은 영상을 보여준다. 물론 바다가 내보이는 영상을 아무나 볼 수 있는 것은 아니다. 오로지 볼 준비가 된 존재만이 이 영상을 볼 수 있다. 사물이 자기 속살을 드러내는 것은 '순간'에 이루어진다. 순간을 놓치면 아무리 뛰어난 시인이라고 해도 사물의 속살을 들여다볼 수 없다는 말이다.

시인은 마음을 활짝 열고 사물이 번뜩이는 순간을 온몸으로 받아들인다. 시인의 말마따나, 삶의 보화는 곳곳에 숨어 있다. 사물들 저마다 보화를 품고 있으니, 사물이 있는 곳이라면 어김없이 보화가 있다. 사물이 없는 곳은 없으니, 우리네 발걸음이 닿는 모든 곳마다 보화가 있다고 말할 수 있다. 시인은 사물이 언뜻 내보이는 이 보화에 '어떤 실루엣'이라는 시구(시 제목이기도 하다)를 붙인다. 실루엣은 뚜렷하지 않다. 시인은 사물이 순간적으로 펼친 무언가를 보기는 봤지만, 그것이 무엇인지 정확히는 모르고 있다. 사물은 무언가를 내보이는 듯하면서도 숨긴다. 보이는 것만으로 사물을 판단하는 사람은

따라서 시인으로서 자질이 부족하다. 시인은 늘 사물이 내보이는 것을 통해 사물이 숨긴 것이 무엇인지 알아채야 한다. 시는 무엇보다 사물이 숨긴 진실 속에서 흘러나오는 보화인 것이다.

중국 여행길의 영상을 기록한 「감숙성 칠채산」에서 시인은 이러한 보화를 "지구의 속살"로 표현한다. 사진이미지에는 붉은 흙을 온몸으로 드러낸 감숙성 칠채산이 고스란히 드러나 있다. 우리가 옷으로 속살을 가리듯, 지구는 나무로 속살을 가린다. 시인은 나무 한 그루 없는 칠채산을 보면서 속살을 온전히 드러낸 지구를 상상한다. 우리 또한 알몸으로 이 세상에 태어나지 않았는가. 속살이든, 알몸이든 생명은 제 안에 아무나 들어갈 수 없는 장소를 지니고 있는 법이다. 아주 결정적인 순간이 오지 않는 한 생명은 그 장소를 밖으로 드러내지 않는다. 그것이 노출되는 순간 생명은 더 이상 생명으로서 남을 수 없기 때문이다. 알몸으로 태어난 생명은 알몸으로 죽는다. 속살이나 알몸은 삶과도 이어져 있지만, 죽음과도 이어져 있다. 사진이미지를 다시 보라. 삶이 보이는가, 아니면 죽음이 보이는가?

나무 한 그루 없는 황량한 산에서 삶과 죽음을 나누는 것은 허망한 일인지도 모른다. "숨겨진 것은 모두 드러나는 법"이라는 시구로 나타나는 대로, 시인은 삶과 죽음이 결국은 하나로 이어진다고 생각한다. 생명으로 태어나는 존재는 어김없이 죽음과 대면할 수밖에 없다. 시간의 차이는 있을지언정, 죽음을 피해가는 생명은 있을 수 없다. 핏덩어리로 태어난 존재는 시간과 더불어 죽음으로 가는 길을 걷는다. 시간은 생명을 생명답게 만들어주는 힘이기도 하지만, 동시에 생명을 앗아가는 반대 힘으로 작용하기도 한다. 온몸으로 속살을 드러낸 저 산 또한 무성한 나무숲으로 덮인 시간을 거쳐 오지 않았겠는가. 시인이라고 다를 리 없다. 저 산이 내뿜는 붉은 빛을 시인은 "내 안의 붉은 빛"이라고 표현한다. 푸르른 시절이 지나면 어김없이 붉은 시절이 온다. 생명의 법칙이다.

푸른빛이 퍼지는 시절을 거슬러 올라 우리는 붉은 빛이 완연한 세계에 이르렀다. 시인은 숨겨진 것을 모두 드러내는 그 붉은 세상을 여전히 소년의 눈으로 바라보려고 한다. 소년의 눈에는 붉은 세상만 보이지 않는다. 소년은 붉은 빛 너머에서 아직도 푸름을 잃지 않은 빛을 보고 있다. 보이는 것에 집착하면 이미 지난 시간을 다시는 거슬러 오를 수 없다. 시간의 푸른빛은 보이지 않는 것에 기꺼이 마음의 눈을 여는 존재들을 결코 외면하지 않는다. 김종회가 품고 있는 "내 안의 붉은 빛"은 바로 이 지점에서 바깥을 뒤덮고 있는 푸른빛과 마주하게 된다. 그는 푸른빛을 보기 위해 소년이 되는 길을 마다하지 않는다. 소년이 된 시인은 낯선 곳을 향해 길을 떠난다. "내 안의 것들"(「작은 입술들」)로 사물들이 내보이는 보화들과 만나기 위해서 길을 떠난다. 그는 무엇보다 소년의 꿈을 마음 깊이 간직하고 있는 것이다.